a skoro - школа	2
a koiri - падарожжа	5
a transport - транспарт	8
a foto - горад	10
a landschap - краявід	14
a restaurant - рэстаран	17
a wenkri - супермаркет	20
a dringi - напоі	22
a nyan - ежа	23
a burugron - сядзіба	27
a oso - дом	31
a foroisi - жылы пакой	33
a botrali - кухня	35
a was oso - ванная	38
a pikin kamra - дзіцячы пакой	42
a krosi - адзенне	44
a kantoro - офіс	49
a ekonomia - эканоміка	51
den kari - прафесіі	53
a wrokosani - інструменты	56
den poku sani - музычныя інструменты	57
a meti dyari - заапарк	59
a sport - спорт	62
den aktifiteit - дзейнасць	63
a famiri - сям'я	67
a skin - цела	68
a ati oso - шпіталь	72
a nowtu - экстраная дапамога	76
a grontapu - Зямля	77
oloisi - гадзіннік	79
a wiki - тыдзень	80
a yari - год	81
den form - формы	83
kloru - колеры	84
difrenti - супрацьлегласці	85
den nomru - лічбы	88
den tongo - мовы	90
suma / sang / fa - хто / што / як	91
pe - дзе	92

Impressum
Verlag: BABADADA GmbH, Nedderfeld 112 , 22529 Hamburg
Geschäftsführer / Verlagsleitung: Harald Hof
Druck: Books on Demand GmbH, In de Tarpen 42, 22848 Norderstedt

Imprint
Publisher: BABADADA GmbH, Nedderfeld 112 , 22529 Hamburg, Germany
Managing Director / Publishing direction: Harald Hof
Print: Books on Demand GmbH, In de Tarpen 42, 22848 Norderstedt

a skoro
школа

- a klas — класны пакой
- prati — дзяліць
- a bord — дошка
- a skoro dyari — школьны двор
- a leriman — настаўнік
- a papira — папера
- skrifi — пісаць
- a pen — ручка
- a tafra — пісьмовы стол
- a lati — лінейка
- a buku — кніга
- a studenti — вучань

a skorotas
ранец

a kisi
пенал

a skriftiki
просты аловак

a srapu
тачылка для алоўкаў

a sisibi
гумка

a prenki buku
альбом для малявання

a prenki
малюнак

a kwasi
пэндзлік

a ferfidosu
фарбы

a sisei
нажніцы

a gomma
клей

a skrifbuku
сшытак

a skorowroko
хатняе заданне

a nomru
лік

teri
дадаваць

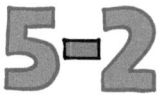
koti
адымаць

vermenigvuldig
множыць

teri
лічыць

a brifi
літара

a alfabet
алфавіт

a wortu
слова

a skoro - школа

a wortu
тэкст

lesi
чытаць

a kreiti
крэйда

a yuru
ўрок

a klasbuku
класны журнал

a examen
экзамен

a skoropapira
атэстат

a sem skoro krosi
школьная форма

a skoro
адукацыя

a encyklopedie
энцыклапедыя

a unifersiteit
універсітэт

a mikroskoop
мікраскоп

a karta
карта

a doti embre
смеццевы кошык

a skoro - школа

a koiri

падарожжа

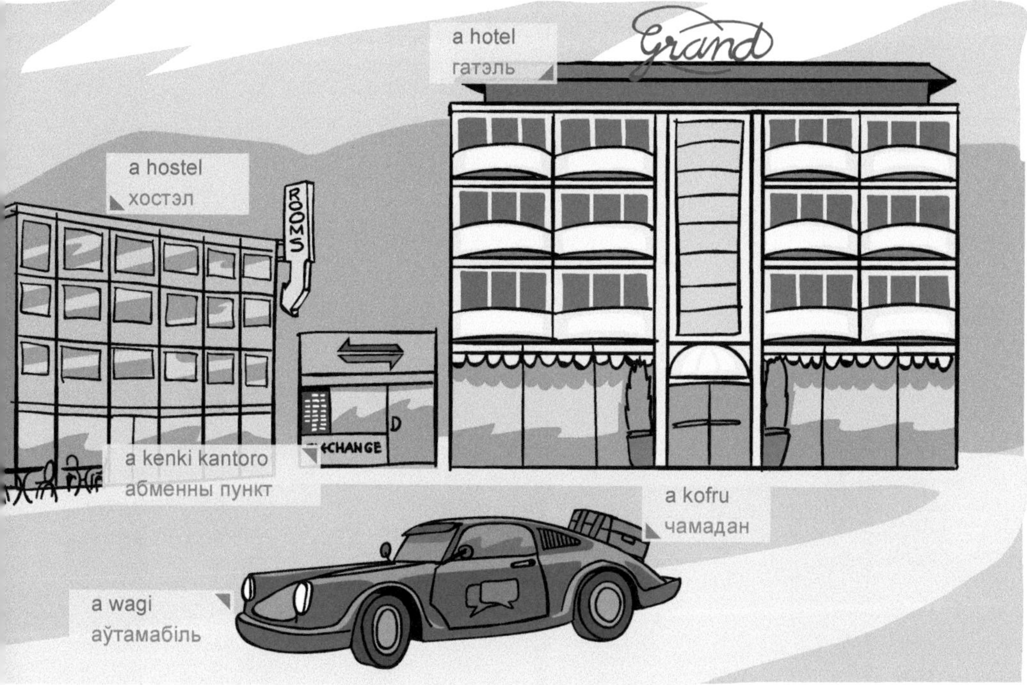

a hotel
гатэль
Grand
a hostel
хостэл
ROOMS
CHANGE
a kenki kantoro
абменны пункт
a kofru
чамадан
a wagi
аўтамабіль

a tongo

мова

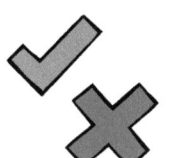

ai / no

так / не

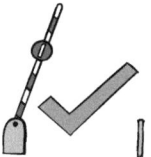

afen

добра

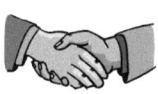

Ei!

прывітанне!

a torku

перакладчык

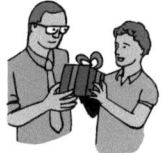

Grantangi

дзякуй

 O meni...? Колькі каштуе....?	 Mi ne ferstan я не разумею	 a problema праблема
 Kuneti! Добры вечар!	 Morgu! Добрай раніцы!	 Kuneti! Дабранач!
 Adyosi! да пабачэння	 a beni кірунак	 a bagasi багаж
 a tas сумка	 a tas заплечнік	 a fisiti госць
 a kamra пакой	 a sribi saka спальны мяшок	 a tenti палатка

a koiri - падарожжа

a reiskantoro
фармацыя для турыстаў

a sekanti
пляж

a kreditkarta
крэдытная картка

a mamanten nyanyan
снеданне

a nyanyan
абед

a nyanyan
вячэра

a karta
праязны білет

a lift
ліфт

a stampu
паштовая марка

a lanki
мяжа

a douane
мытня

a ambassade
пасольства

a fisa
віза

a pasportu
пашпарт

a koiri - падарожжа

a transport
транспарт

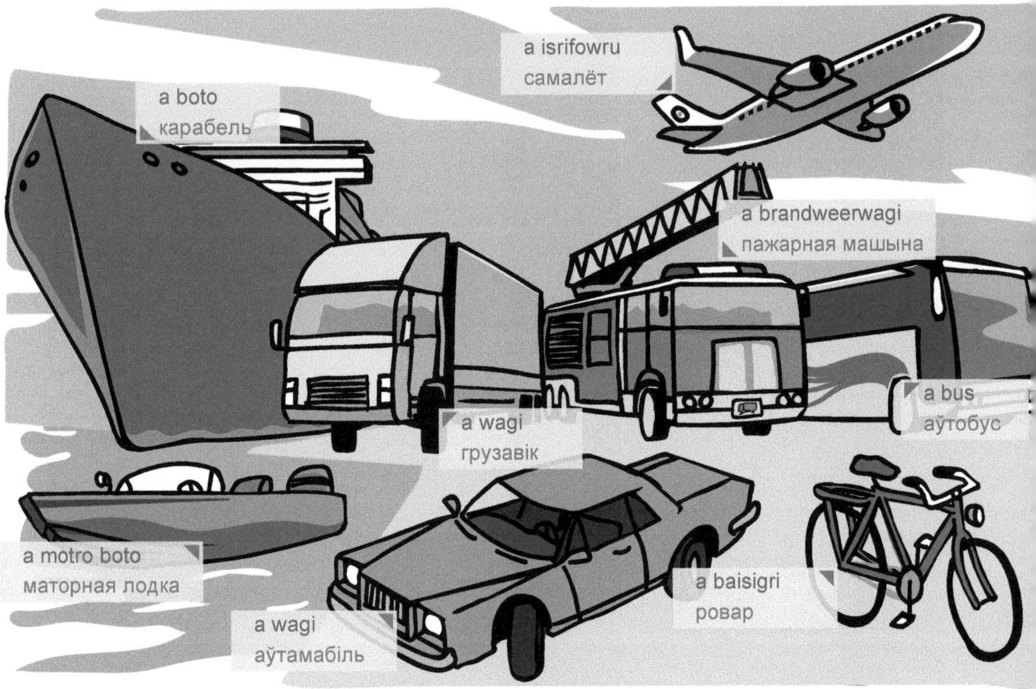

a isrifowru
самалёт

a boto
карабель

a brandweerwagi
пажарная машына

a bus
аўтобус

a wagi
грузавік

a motro boto
маторная лодка

a baisigri
ровар

a wagi
аўтамабіль

a pondo

паром

a boto

лодка

a motro

матацыкл

a skowtu wagi

паліцэйская машына

a streilon wagi

гоначны аўтамабіль

a yuru wagi

арэндаваны аўтамабіль

a wagi prati
сумеснае карыстанне аўтамабілем

a takelwagi
эвакуатар

a doti wagi
смеццявоз

a motro
матор

a oli
паліва

a oli pompu
запраўка

a ferkeermarki
дарожны знак

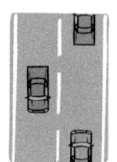
a ferkeer
дарожны рух

a reylo
затор

a parkeerpresi
паркоўка

a lokopresi
чыгуначная станцыя

den rail
рэйкі

a loko
цягнік

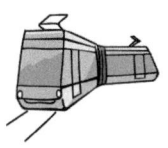
a loko
трамвай

a wagi
вагон

a transport - транспарт

a helikopter

верталёт

a opolangi

аэрапорт

a fortresi

вежа

a pasasir

пасажыр

a kontainer

кантэйнер

a doso

кардонная скрыня

a wagi

тачка

a baskita

карзіна

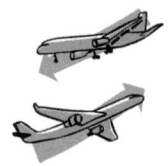

opo go / saka

ўзлятаць / прызямляцца

a foto
горад

a dorpu

вёска

a fotosei

цэнтр горада

a oso

дом

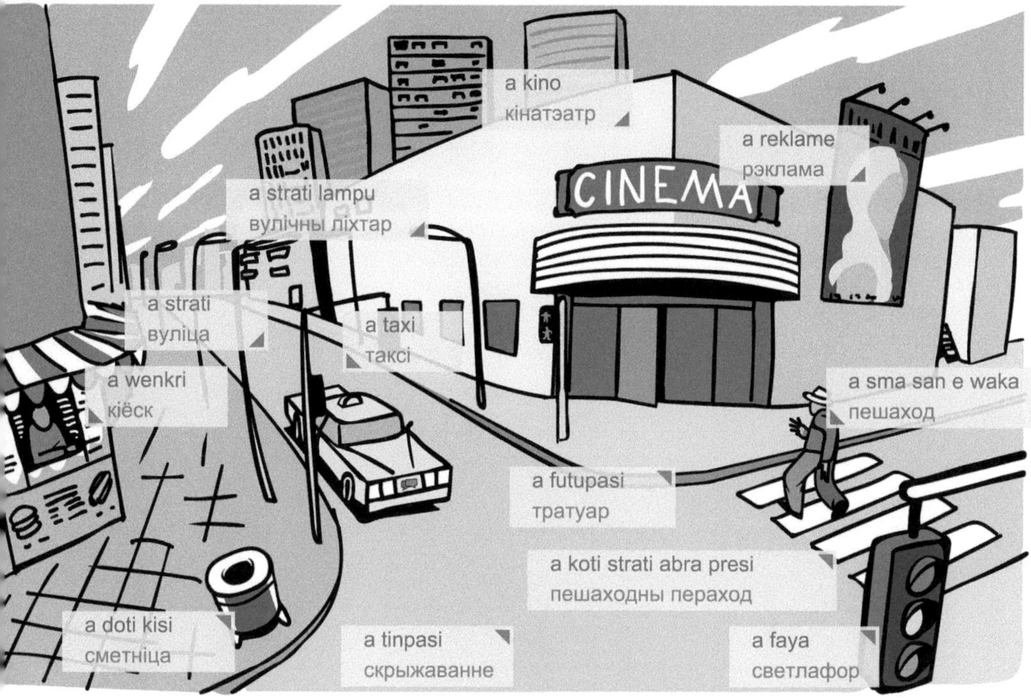

a kino / кінатэатр

a reklame / рэклама

a strati lampu / вулічны ліхтар

a strati / вуліца

a taxi / таксі

a wenkri / кіёск

a sma san e waka / пешаход

a futupasi / тратуар

a koti strati abra presi / пешаходны пераход

a doti kisi / сметніца

a tinpasi / скрыжаванне

a faya / святлафор

a kampu
халупа

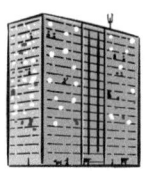

a oso
кватэра

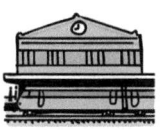

a lokopresi
чыгуначная станцыя

a foto oso
ратуша

a museum
музей

a skoro
школа

a foto - горад

 a unifersiteit універсітэт	 a bangi банк	 a ati oso шпіталь
 a hotel гатэль	 a apteiki аптэка	 a kantoro офіс
 a buku winkri кнігарня	 a wenkri крама	 a bromki winkri кветкавая крама
 a wenkri супермаркет	 a wowoyo кірмаш	 a wowoyo універмаг
 a fisi seri man рыбная крама	 a bigi wenkri гандлевы цэнтр	 a lanpresi порт

a park

парк

a bangi

лава

a broki

мост

a trapu

лесвіца

a fatyawagi

метро

a ondrogron-strati

тунэль

a bushalte

прыпынак

a bar

бар

a restaurant

рэстаран

a brifibus

паштовая скрыня

a strati nen marki

вулічны паказальнік

a parkeer marki

паркамат

a meti dyari

заапарк

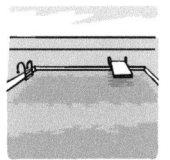

a swen presi

басейн

a gado-oso

мячэць

a foto - горад

a burugron
сядзіба

a doti sani
забруджванне навакольнага асяроддзя

a berpe
могілкі

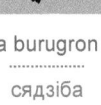
a kerki
царква

a prei presi
пляцоўка для гульні

a gado-oso
храм

a landschap
краявід

a wiwiri — ліст
a pasi marki — паказальнік
a pasi — дарога
a wei — луг
a ston — камень
a bon — дрэва
a koiri sma — падарожнік
a libi — рака
a grasi — трава
a bromki — кветка

a lagi presi
даліна

a lebriki
гара

a fisi-olo
возера

a busi
лес

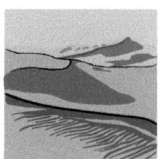

a dreisabana
пустыня

a bergi
вулкан

a ridder-oso
замак

a alenbo
вясёлка

a todoprasoro
грыб

a palmbon
пальма

a maskita
камар

a freifrei
муха

a mira
мурашка

a waswasi
пчала

a anansi
павук

a landschap - краявід

a asege
жук

a todo
жаба

a bonboni
вавёрка

a agidya
вожык

a kon koni
заяц

a owru kuku
сава

a fowru
птушка

a gansi
лебедзь

a werder agu
дзік

a dia
алень

a dia
лось

a dan
плаціна

a winti miri
вятрак

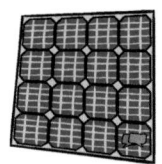

a son planga
сонечная батарэя

a weer
клімат

a landschap - краявід

a restaurant
рэстаран

a diniman / афіцыянт

a nyankarta / меню

a sturu / крэсла

a supu / суп

a pissa / піца

nefi nanga forku / сталовыя прыборы

tafra duku / абрус

a fesi nyanyan
закуска

a moro prenspari sortu nyan
другая страва

a switi sani
дэсерт

a dringi
напоі

a nyan
ежа

a batra
бутэлька

a fastfood

хуткае харчаванне (фаст-фуд)

strati nyanyan

стрыт-фуд

a tépatu

імбрык (чайнік)

sukru patu

цукарніца

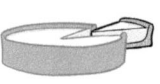

a krab'patu

порцыя

a espressomasyin

эспрэса-машына

a pikin sturu

дзіцячае крэселка

a borgu

рахунак

a brakri

паднос

a nefi

нож

a forku

відэлец

a spun

лыжка

a téspun

чайная лыжка

a servet

сурвэтка

a grasi

шклянка

a restaurant - рэстаран

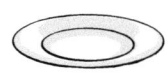

a preti

талерка

a supu preti

супавая талерка

a skotriki

сподак

a sowsu

соус

a sowtupatu

сальніца

a pepre miri

млынок для перцу

a asin

воцат

a oli

алей

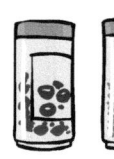

den specerij

спецыі

a ketchup

кетчуп

a mosterd

гарчыца

a mayonaise

маянэз

a restaurant - рэстаран

a wenkri
супермаркет

a pristerie
акцыя

a bayman
пакупнік

den merki sani
малочныя прадукты

a froktu
садавіна

a wenkri wagi
вазок

a srakti-oso

мясная крама

a bakri-oso

хлебны магазін

wegi

важыць

a gruntu

гародніна

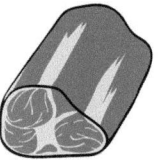

a meti

мяса

den ijskasi sani

свежазамарожаныя прадукты

a kowru meti
нарэзка

a blik nyan
кансервы

a wasi sani
пральны парашок

a switi sani
прысмакі

den oso sani
хатнія прылады

a sani fu krin
чысцячы сродак

a seri sma
прадавец

a kas
каса

a kasman
касір

a bai marki
спіс пакупак

den opo yuru
гадзіны працы

a portmoni
бумажнік

a kreditkarta
крэдытная картка

a tas
сумка

a plastik saka
пакет

a wenkri - супермаркет

a dringi
напоі

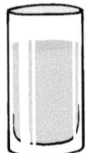
a watra
вада

a sap
сок

a merki
малако

a kola
кола

a win
віно

a biri
піва

a sopi
алкаголь

a skrati
какава

a té
гарбата (чай)

a kofi
кава

a espresso
эспрэса

a kappuccino
капучына

a nyan
ежа

a bakba

банан

a apra

яблык

a apresina

апельсін

a watramun

дыня

a sitrun

лімон

a rutu

морква

a konofroku

часнок

a bambu

бамбук

a aiun

цыбуля

den todoprasoro

грыб

den noto

арэхі

a pasta

локшына

a spaghetti
спагеці

a alesi
рыс

a salade
салата

a patata
бульба фры

den baka patata
смажаная бульба

a pissa
піца

a burger
гамбургер

a brede
бутэрброд

a schnitsel
шніцаль

a ameti
вяндліна

a salami
салямі

a worst
каўбаса

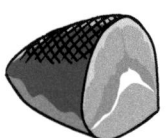
a kafowru
курыца

a bakadina
смажаніна

a fisi
рыбак

a nyan - ежа

a hafermout
аўсяныя камякі

a muesli
мюслі

den karuflakes
кукурузныя шматкі

a blon
мука

a croissant
круасан

den brede
булачка

a brede
хлеб

a baka brede
тост

a buskutu
пячэнне

a botro
масла

a kwark
тварог

a kuku
пірог

a eksi
яйка

a baka eksi
яечня

a kasi
сыр

a nyan - ежа

25

a ice-cream

марожанае

a sukru

цукар

a oni

мёд

a jam

варэнне

a sukruskrati pasta

нуга

a kerrie

кары

a nyan - ежа

a burugron
сядзіба

a wroko gron presi — хата
a maksin — хлеў
a grasi bergi — цюк саломы
a gron — поле
a asi — конь
a aanhangwagi — прычэп
a pikin asi — жарабя
a traktor — трактар
a buriki — асёл
a pikin skapu — ягня
a skapu — авечка

a krabita
каза

a kaw
карова

a pikin kaw
цяля

a agu
свіння

a pikin agu
парася

a burkaw
бык

a gansi

гусак

a doksi

качка

a pikin fowru

кураня

a fowru

курыца

a kakafowru

певень

a alata

пацук

a puspusi

кот

a moismoisi

мыш

a burkaw

вол

a dagu

сабака

a dagu pen

сабачая будка

a tuinslang

садовы шланг

a watra kan

палівачка

a nefi

каса

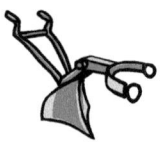

a pluga

плуг

a burugron - сядзіба

a babun-nefi
серп

a tyapu
матыка

a forku
вілы для гною

a beyri
сякера

a kroiwagi
тачка

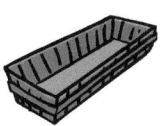

a baki
карыта

a merki kan
бітон для малака

a saka
мех

a skotu
плот

a pen
хлеў

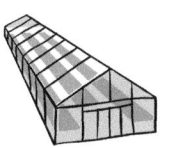

a grun kasi
цяпліца

a gron
глеба

a siri
насенне

a doti
угнаенне

a maaidorser
камбайн

a burugron - сядзіба

koti
збіраць ураджай

a nyanyan
ураджай

a yami
ямс

a aleisi
пшаніца

a soja
соя

a patata
бульба

a karu
кукуруза

a koro siri
рапс

a froktu bon
садовае дрэва

a kasaba
маніёк

den siri
збожжа

a burugron - сядзіба

a oso
дом

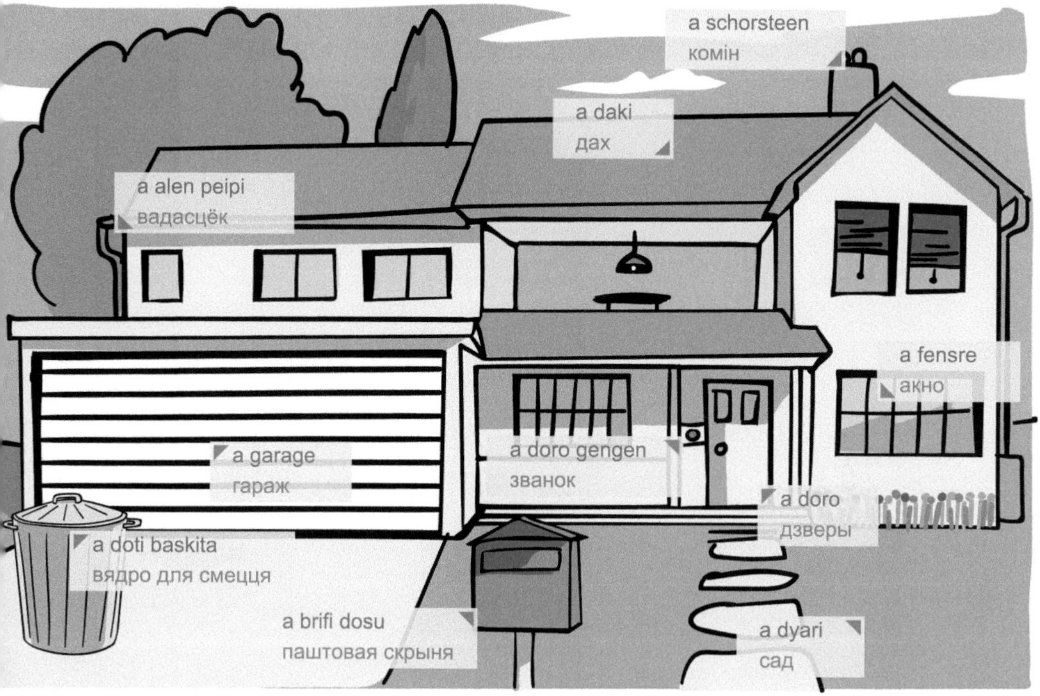

- a schorsteen — комін
- a daki — дах
- a alen peipi — вадасцёк
- a fensre — акно
- a garage — гараж
- a doro gengen — званок
- a doro — дзверы
- a doti baskita — вядро для смецця
- a brifi dosu — паштовая скрыня
- a dyari — сад

a foroisi
жылы пакой

a was oso
ванная

a botrali
кухня

a sribikamra
спальны пакой

a pikin kamra
дзіцячы пакой

a nyanyan kamra
сталоўка

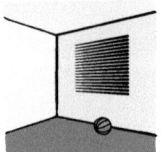

a gron

падлога

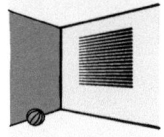

a skotu

сцяна

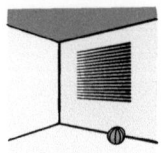

a plafon

столь

a kedre

падвал

a sauna

саўна

a barkon

балкон

a terras

тэраса

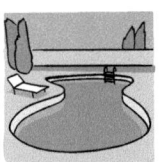

a swen presi

басейн

a waimasyin

касілка

a sribikrosi

падкоўдранік

a sribikrosi

коўдра

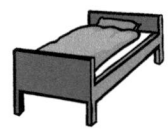

a bedi

ложак

a sisibi

венік

a embre

вядро

a san fu leti faya

выключальнік

a oso - дом

a foroisi
жылы пакой

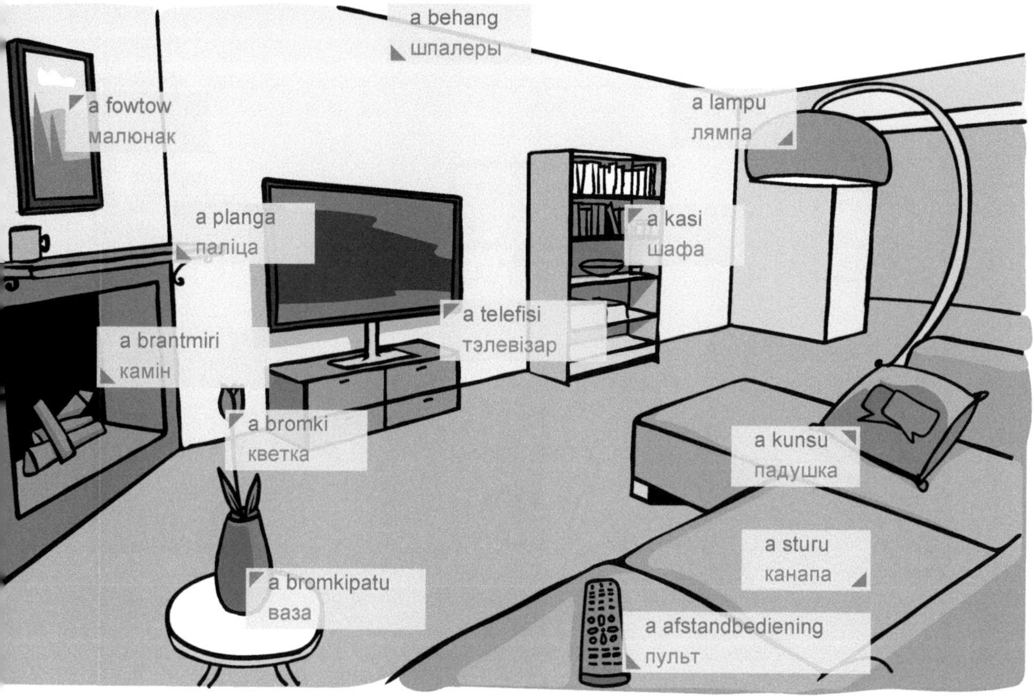

- a behang — шпалеры
- a fowtow — малюнак
- a lampu — лямпа
- a planga — паліца
- a kasi — шафа
- a brantmiri — камін
- a telefisi — тэлевізар
- a bromki — кветка
- a kunsu — падушка
- a bromkipatu — ваза
- a sturu — канапа
- a afstandbediening — пульт

a matamata
дыван

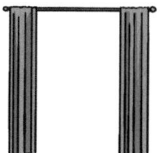

a garden
фіранка

a tafra
стол

a sturu
крэсла

a boboisturu
крэсла-качалка

a sturu
крэсла

a buku
кніга

a tapun
коўдра

a pranpran
дэкарацыя

a udu
дровы

a kino
кіно

a stereo-installatie
стэрэасістэма

a sroto
ключ

a koranti
газета

a skedrei
карціна

a poster
постар

a konkrudosu
радыё

a skrifi buku
нататнік

a stofsuiger
пыласос

a kaktus
кактус

a kandra
свечка

a foroisi - жылы пакой

a botrali
кухня

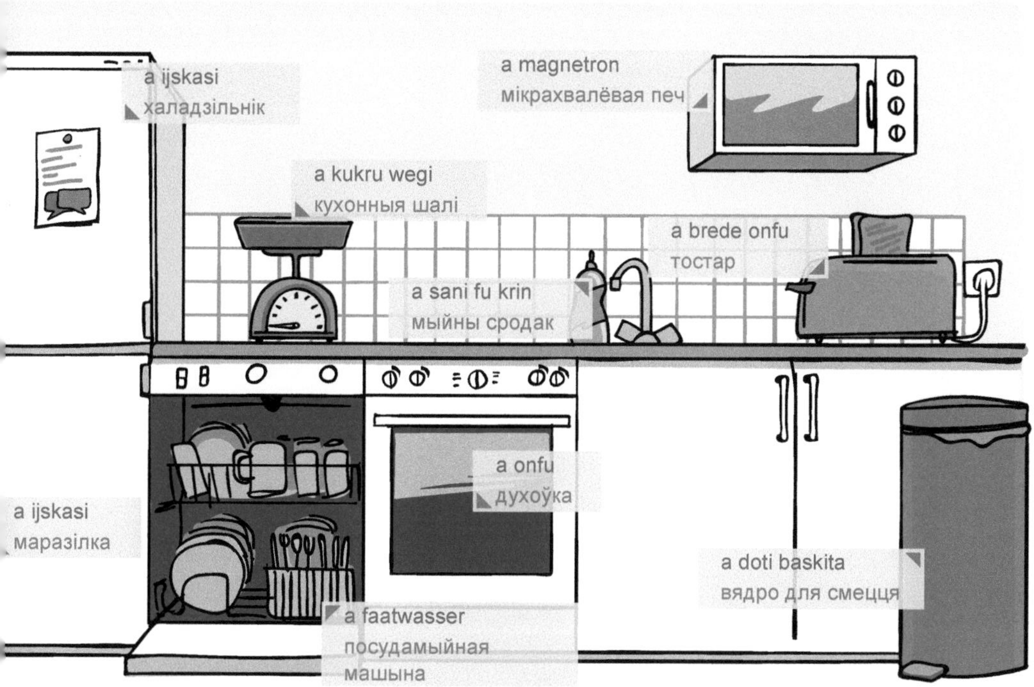

a ijskasi
халадзільнік

a magnetron
мікрахвалёвая печ

a kukru wegi
кухонныя шалі

a brede onfu
тостар

a sani fu krin
мыйны сродак

a onfu
духоўка

a ijskasi
маразілка

a doti baskita
вядро для смецця

a faatwasser
посудамыйная
машына

a onfu
пліта

a patu
рондаль

a isri patu
чыгунок

a wok / kadai
Вок / кадаі

a pan
патэльня

a ketre
чайнік

a botrali - кухня

a dampupatu

параварка

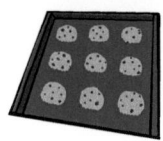

a baka preti

бляха

den tafra-sani

посуд

a kan

кубак

a koba

міска

den nyantiki

палачкі для ежы

a supu spun

чарпак

a spatel

лапатачка

a klutser

збівалка

a fergiet

сіта для варэння

a dorodoro

сіта

a gritigriti

тарка

a mortier

ступка

a barbakoto

грыль

a faya presi

вогнішча

a koti planga
дошка

a blon lolo
качалка

a korkutreki
штопар

a tromu
бляшанка

a knefi fu opo blik
адкрывалка

a patu duku
прыхваткі

a wasibaki
ракавіна

a bosro
шчотка

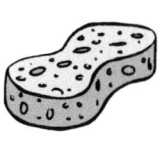

a sponsu
губка

a blender
міксер

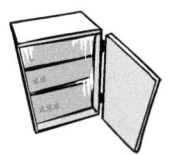

a ijskasi
маразільная камера

a beibi batra
бутэлечка

a kran
вадаправодны кран

a botrali - кухня

37

a was oso
ванная

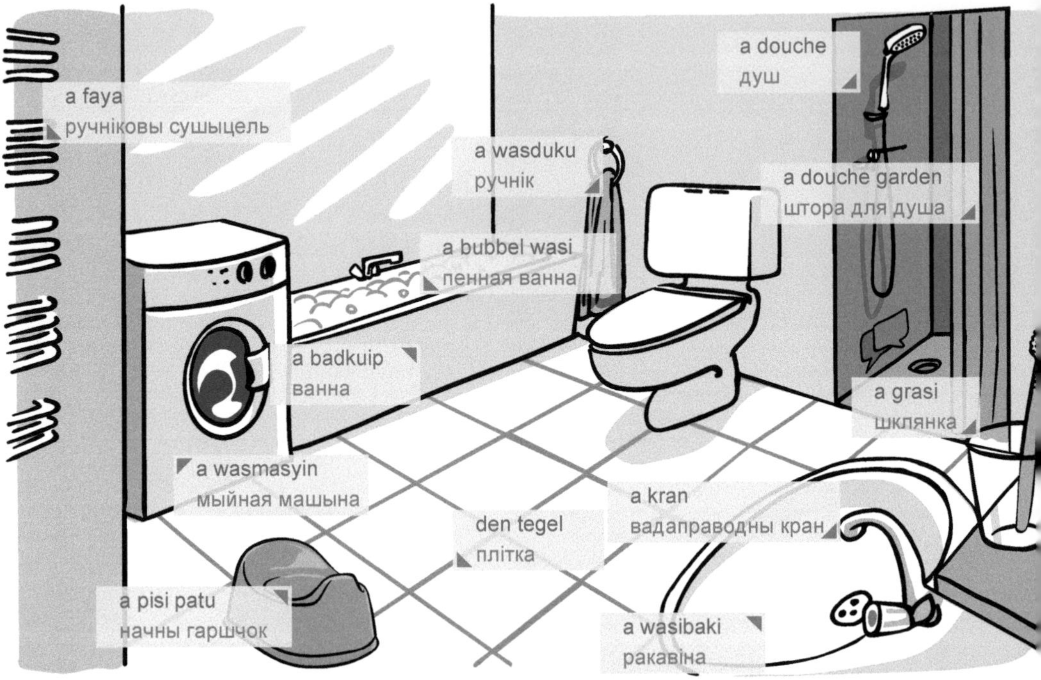

- a faya — ручніковы сушыцель
- a wasduku — ручнік
- a bubbel wasi — пенная ванна
- a badkuip — ванна
- a wasmasyin — мыйная машына
- a pisi patu — начны гаршчок
- den tegel — плітка
- a douche — душ
- a douche garden — штора для душа
- a grasi — шклянка
- a kran — вадаправодны кран
- a wasibaki — ракавіна

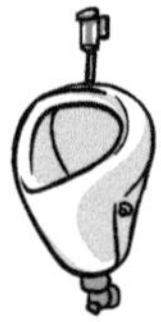

a kumakoisi	a kumakoisi	a bidet
туалет	падлогавы ўнітаз	бідэ
a pisi presi	a kumakoisi papira	a kumakoisi bosro
пісуар	туалетная папера	шчотка для чысткі ўнітаза

a tifi bosro

зубная шчотка

a tandpasta

зубная паста

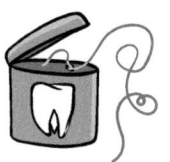

a floss

зубная нітка

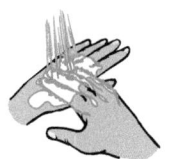

wasi

мыць

a douche

ручны душ

a kumakoisi douche

інтымны душ

a was koba

умывальнік

a baka bosro

шчотка для спіны

a sopo

мыла

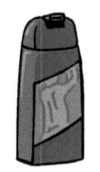

a douchegel

гель для душа

a sopo

шампунь

a was krosi

вяхотка

a afvoer

вадасцёк

a krème

крэм

a okselstik

дэзадарант

a was oso - ванная

a spikri

люстэрка

a moimoi fu fesi spikri

касметычнае люстэрка

a sebinefi

станок для галення

a sebiskuma

пена для галення

a aftershave

ласьён пасля галення

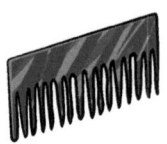

a kankan

грэбень

a bosro

шчотка

a wiri drei masyin

фен

a wirispray

лак для валасоў

a moimoi fu fesi

касметыка

a lippenstift

памада

a nangra ferfi

лак для пазногцяў

den katun

вата

a nangra sey

манікюрныя нажніцы

a switi smeri

духі

a was oso - ванная

a tas gi krin sani
касметычка

a kroku
табурэтка

a wegi
вагі

a was dyaki
лазневы халат

den handschoen fu krin
санітарныя пальчаткі

a tampon
тампон

a munduku
гігіенічныя пракладкі

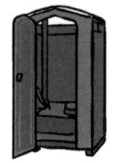
a kumakoisi
біятуалет

a was oso - ванная

a pikin kamra
дзіцячы пакой

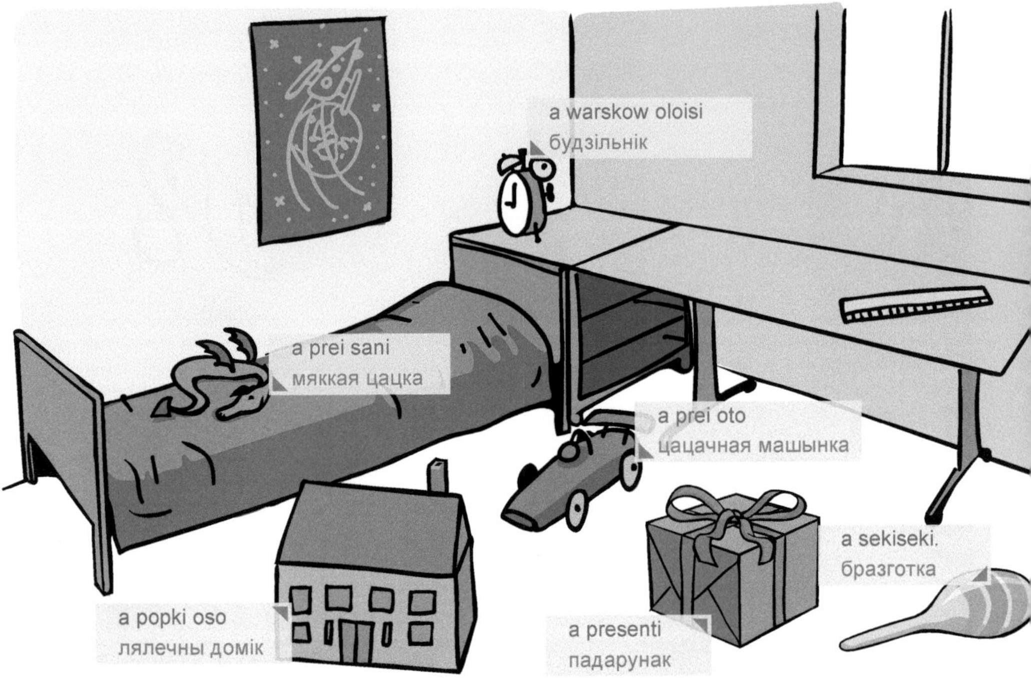

a warskow oloisi — будзільнік

a prei sani — мяккая цацка

a prei oto — цацачная машынка

a sekiseki — бразготка

a popki oso — лялечны домік

a presenti — падарунак

a ballon

надзіманы шарык

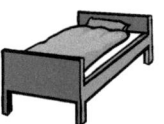

a bedi

ложак

a beibiwagi

дзіцячая каляска

a paki karta

калода картаў

a laytori

пазл

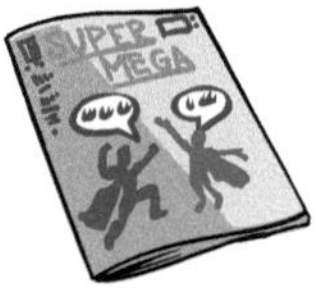

a strip torie

комікс

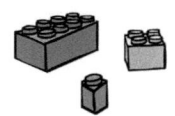

den lego ston

канструктар "Лега"

den prei sani

канструктар

a aktiefiguurtje

экшэн-фігурка

a beibikrosi

дзіцячы гарнітур

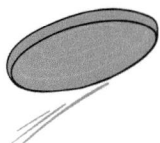

a frisbee

фрызбі

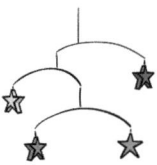

a mobile

дзіцячы мабіль

a prei tapu bord

настольная гульня

a prei ston

кубік

a prei sani loko

дзіцячая чыгунка

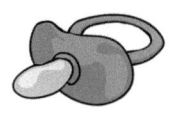

a bobimofo

пустышка

a fesa

дзіцячае свята

a prenki buku

кніга з малюнкамі

a bal

мячык

a popki

лялька

prei

гуляцца

a pikin kamra - дзіцячы пакой

a santi baki
пясочніца

a boboisturu
арэлі

den preisani
цацкі

a prei komputer
гульнявая відэа прыстаўка

a baysigri
трохколавы ровар

a prei sani
плюшавы мішка

a krosikasi
шафа

a krosi
адзенне

den kowsu
шкарпэткі

den kowsu
панчохі

a kowsu
калготкі

a krosi - адзенне

a skin
бодзі

a bruku
штаны

a jeansbruku
джынсы

a koto
спадніца

a blus
блузка

a empi
кашуля

a empi
джэмпер

a dyaki
талстоўка

a djakti
блэйзер

a dyakti
куртка

a alendyakti
паліто

a alendyakti
дажджавік

a paki
касцюм

a yapon
сукенка

a trowyapon
вясельная сукенка

a krosi - адзенне

a paki
касцюм

a sribikrosi
начная сарочка

a sribikrosi
піжама

a sari
сары

a angisa
хустка

a tulband
цюрбан

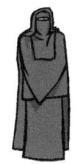
a burka
паранджа

a kaftan
каптан

a abaya
Абая

a swenkrosi
купальнік

a swenbruku
плаўкі

a syatu bruku
шорты

a training paki
спартыўны касцюм

a feskoki
фартух

a handschoen
пальчаткі

a knopo

гузік

a aygrasi

акуляры

a anubuy

бранзалет

a keti

каралі

a linga

кальцо

a yesilinga

завушніца

a ati

кепка

a krosi anga

вешалка

a ati

капялюш

a tay

гальштук

a rits

маланка

a feti musu

шлем

a bretel

падцяжкі

a sem skoro krosi

школьная форма

a sem krosi

уніформа

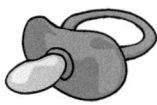
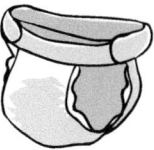

a slabbetje — нагруднік

a bobimofo — пустышка

a pisiduku — падгузнік

a kantoro
офіс

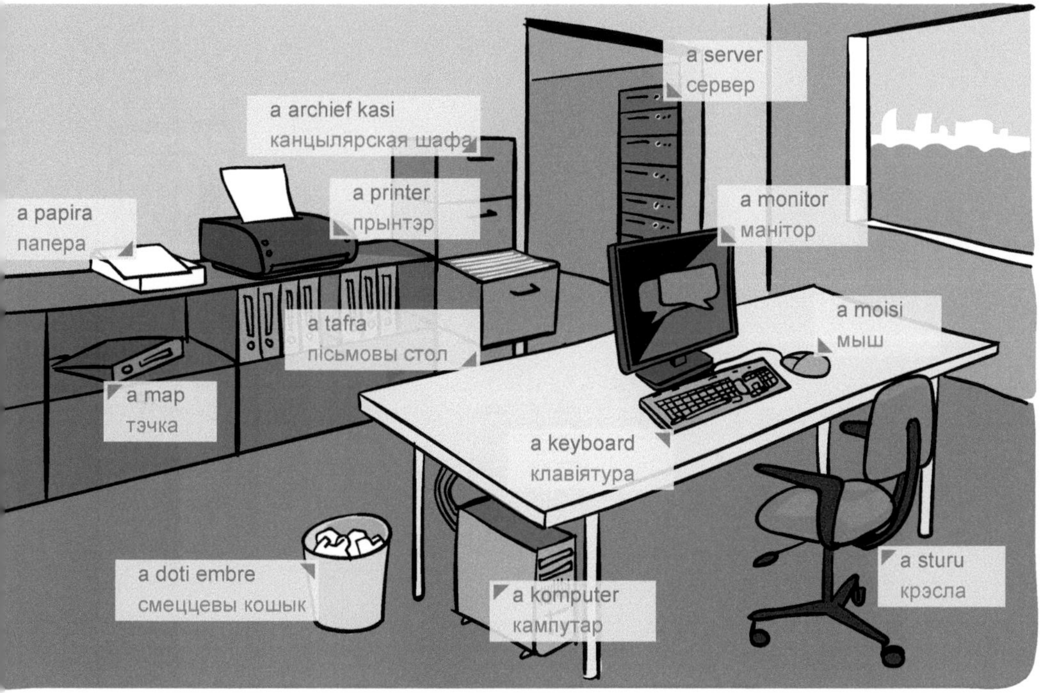

- a server — сервер
- a archief kasi — канцылярская шафа
- a printer — прынтэр
- a monitor — манітор
- a papira — папера
- a tafra — пісьмовы стол
- a moisi — мыш
- a map — тэчка
- a keyboard — клавіятура
- a sturu — крэсла
- a doti embre — смеццевы кошык
- a komputer — кампутар

a kofi kan — бак для кавы (філіжанка)

a kalkulator — калькулятар

a internet — інтэрнэт

a laptop
ноўтбук

a brifi
ліст

a boskopu
паведамленне

a konkrutitei
мабільны тэлефон

a neti
сетка

a kopi masyin
ксеракс

a software
праграмнае забеспячэнне

a konkrutitei
тэлефон

a stopkontakt
разетка

a fax masyin
факс

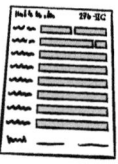
a formulier
фармуляр

a papira
дакумент

a ekonomia
эканоміка

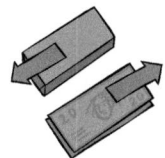
bai
купляць

pai
плаціць

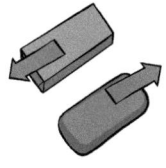
du
гандляваць

a moni
грошы

a dollar
долар

a euro
еўра

a yen
ена

a rubel
рубель

a frank
франк

a renminbi yuan
кітайскі юань

a rupie
рупія

a monimasyin
банкамат

a ekonomia - эканоміка

a kenki kantoro

абменны пункт

a gowtu

золата

a solfru

срэбра

a oli

нафта

a krakti

энергія

a prijs

цана

a kontrakti

кантракт

a lantimoni

падатак

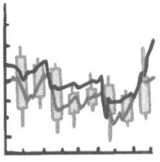

a pisi

акцыя

wroko

працаваць

a wrokoman

служачы

a wrokobasi

працадаўца

a fabrik

фабрыка

a wenkri

крама

a ekonomia - эканоміка

den kari
прафесіі

a skowtu
паліцыянт

a brandweerman
пажарны

a boriman
кухар

a datra
доктар

a piloot
пілот

a djariman
садоўнік

a temreman
слесар

a modist
швачка

a krutubasi
суддзя

a scheikunde sma
хімік

a akteur
артыст

a bus sjafeur
кіроўца аўтобуса

a taximan
таксіст

a fisiman
рыбак

a krinsma
прыбіральшчыца

a dakitapu man
страхар

a diniman
афіцыянт

a ontiman
паляўнічы

a ferfiman
мастак

a bakriman
пекар

a elektrikman
электрык

a bow-wroko man
будаўнік

a ensjinoru
інжынер

a sraktiman
мяснік

a loodgieter
сантэхнік

a postbode
паштальён

den kari - прафесіі

a srudati
салдат

a architekt
архітэктар

a kasman
касір

a bromkisma
фларыст

a seti sma wiri man
цырульнік

a kondukteur
кандуктар

a monteur
механік

a kapten
капітан

a tifidatra
стаматолаг

a sabiman
вучоны

a Dyu domri
рабін

a Moslim domri
імам

a moniki
манах

a priester
святар

den kari - прафесіі

a wrokosani
інструменты

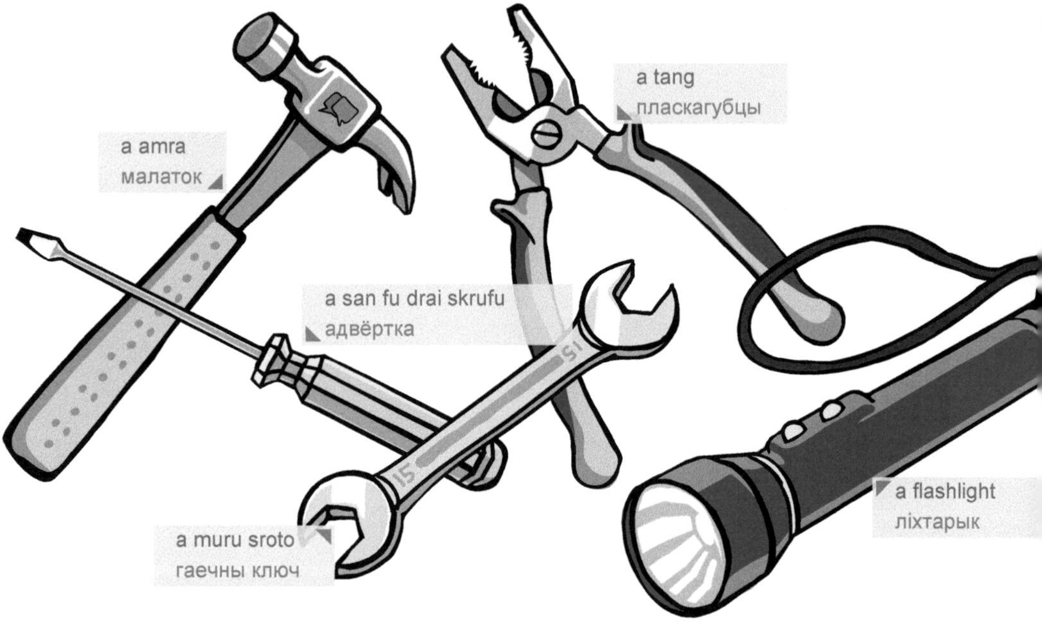

a amra / малаток

a tang / пласкагубцы

a san fu drai skrufu / адвёртка

a flashlight / ліхтарык

a muru sroto / гаечны ключ

a dikimasyin
экскаватар

a wrokosani kisi
скрыня для інструментаў

a trapu
дравіны

a sa
піла

den spikri
цвікі

a boro
дрыль

meki
рамантаваць

a skepi
рыдлеўка

Baya!
Халера!

a stofblik
шуфлік для смецця

a ferfi patu
вядро з фарбаю

den skrufu
балты

den poku sani
музычныя інструменты

a dronstel
ударны інструмент

a boskopu barbari sani
калонкі

a gitara
гітара

a kontra bas
кантрабас

a tronpèti
труба

a piano

піяніна

a finyoro

скрыпка

a bas

басгітара

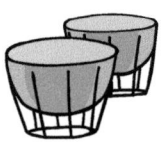

a pauk

літаўры

a dron

барабан

a keyboard

клавішны электрамузычны інструмент

a saxofon

саксафон

a froiti

флейта

a mikrofon

мікрафон

den poku sani - музычныя інструменты

a meti dyari
заапарк

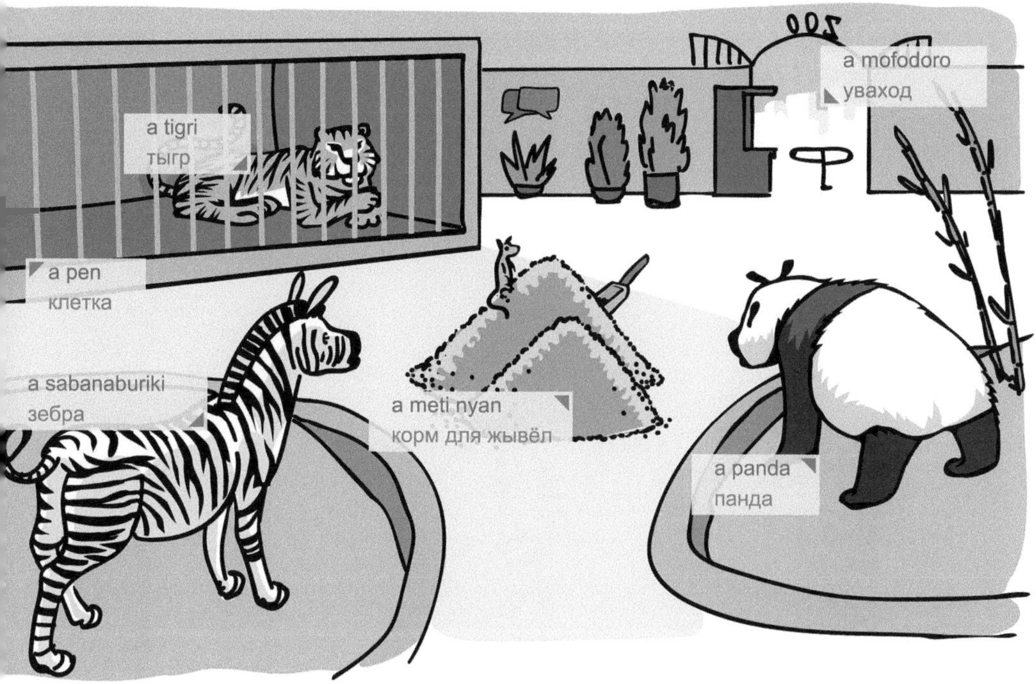

- a mofodoro — уваход
- a tigri — тыгр
- a pen — клетка
- a sabanaburiki — зебра
- a meti nyan — корм для жывёл
- a panda — панда

den meti
жывёлы

a asaw
слон

a kangeru
кенгуру

a neushoorn
насарог

a gorilla
гарыла

a beer
мядзведзь

a kameri

вярблюд

a stroisifowru

стравус

a lew

леў

a monki

малпа

a korikori

фламінга

a popokai

папугай

a ijsbeer

белы мядзведзь

a pinguïn

пінгвін

a sarki

акула

a prodokaka

паўлін

a sneki

змяя

a kaiman

кракадзіл

a sma san e sorgu meti

наглядчык заапарка

a sedagu

цюлень

a penitigri

ягуар

a meti dyari - заапарк

a pikin asi

поні

a penitigri

леапард

a watrabofru

бегемот

a giraf

жыраф

a aka

арол

a werder agu

дзік

a fisi

рыбак

a sekrepatu

чарапаха

a walrus

морж

a sabanadagu

ліса

a dia

газель

a meti dyari - заапарк

a sport
спорт

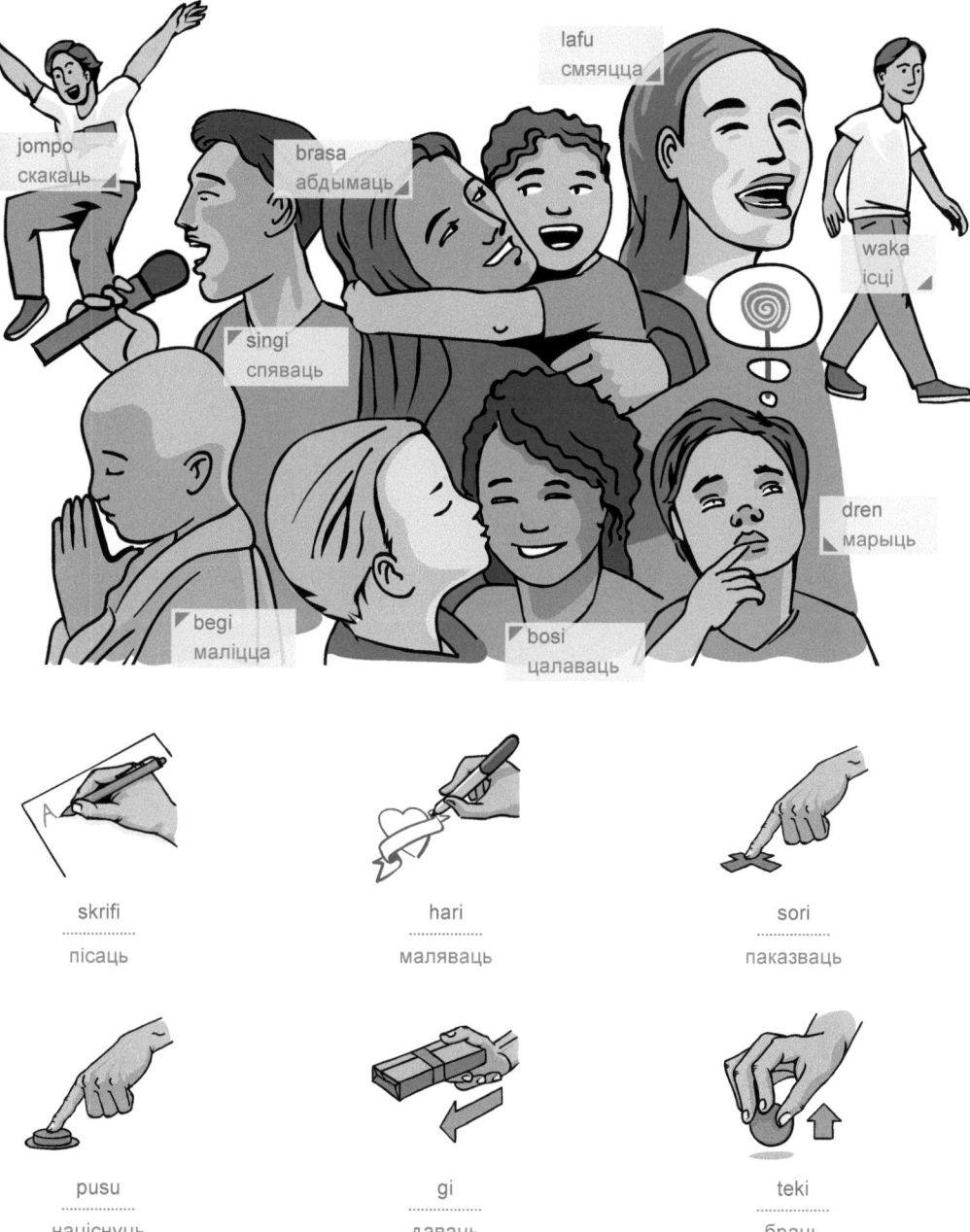

abi
маць

dati
выконваць

de
быць

tnapu
стаяць

lon
бегчы

hari
цягнуць

trowe
кідаць

fadon
падаць

lei
ляжаць

wakti
чакаць

tyari
насіць

sidon
сядзець

weri
апранацца

sribi
спаць

wiki
прачынацца

luku
глядзець

krei
плакаць

korikori
лашчыць

kan
прычэсвацца

taki
гаварыць

ferstan
разумець

aksi
пытаць

arki
чуць

dringi
піць

nyanyan
есці

krin
прыбіраць

lobi
кахаць

bori
гатаваць

rei
ехаць

frei
лятаць

den aktifiteit - дзейнасць

seiri
плаваць пад ветразем

teri
лічыць

lesi
чытаць

leri
вучыць

wroko
працаваць

trow
уступаць у шлюб

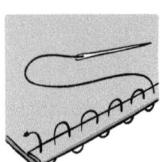
nai
шыць

krintifi
чысціць зубы

kiri
забіваць

smoko
курыць

seni
пасылаць

den aktifiteit - дзейнасць

a famiri
сям'я

- a granmama / бабуля
- a granpapa / дзядуля
- a papa / бацька
- a mama / маці
- a beibi / дзіця
- a umapikin / дачка
- a manpikin / сын

a fisiti

госць

a tanta

цётка

a omu

дзядзька

a brada

брат

a sisa

сястра

a famiri - сям'я

a skin
цела

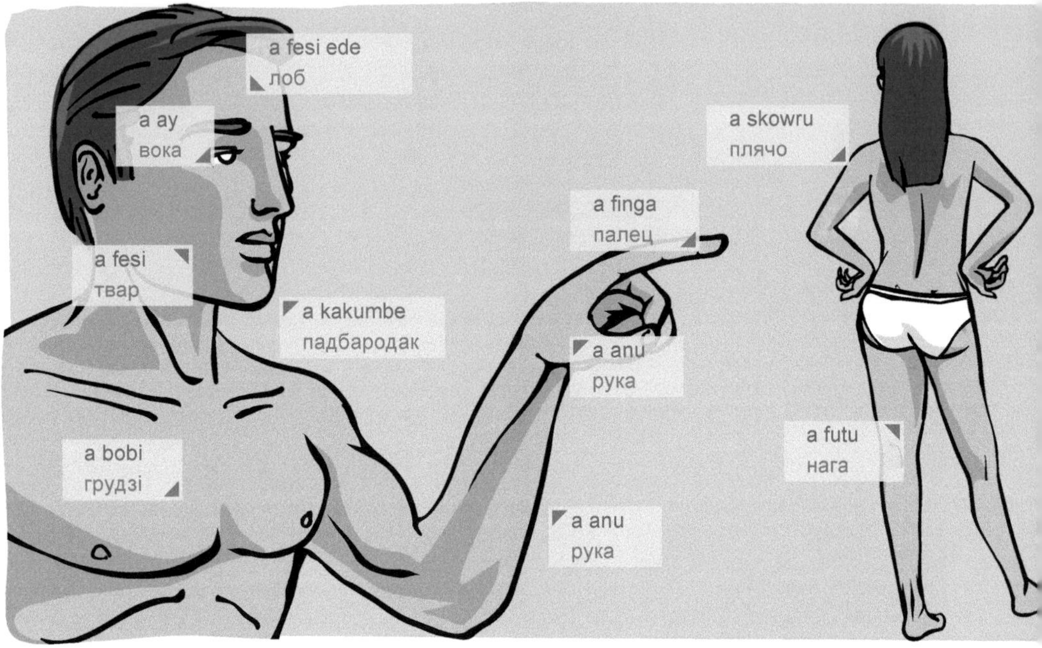

a fesi ede
лоб

a ay
вока

a skowru
плячо

a fesi
твар

a finga
палец

a kakumbe
падбародак

a anu
рука

a bobi
грудзі

a futu
нага

a anu
рука

a beibi
дзіця

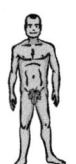

a man
мужчына

a uma
жанчына

a uma pikin
дзяўчынка

a boi
хлопчык

a ede
галава

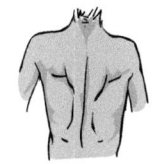
a baka
спіна

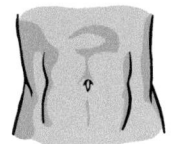
a bere
жывот

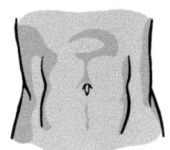
a kumba
пуп

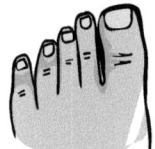
a futufinga
палец нагі

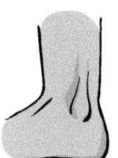
a bakafutu
пятка

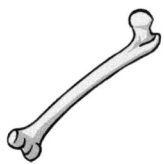
a bonyo
костка

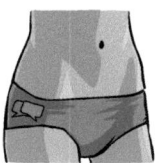
a djonku
бядро

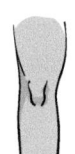
a kindi
калена

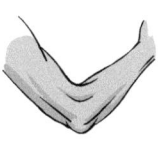
a baka anu
локаць

a noso
нос

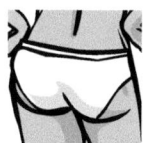
a bakasei
ягадзіца

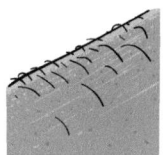
a skin
скура

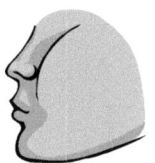
a seifesi
шчака

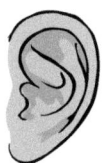
a yesi
вуха

den mofobuba
губа

a skin - цела

a mofo
рот

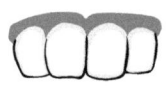

a tifi
зуб

a tongo
язык

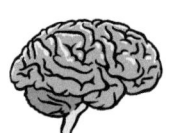

a ede tonton
галаўны мозг

a ati
сэрца

a titei
мышца

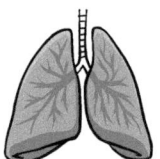

a fokofoko
лёгкае

a lefre
пячонка

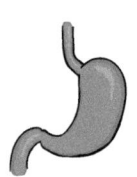

a bere
страўнік

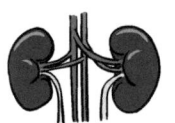

den niri
ныркі

a freiri
сэкс

a pipikowsu
прэзерватыў

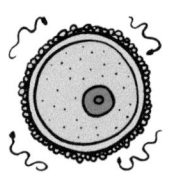

a eksi
яйцаклетка

a siri
сперма

a bere
цяжарнасць

a skin - цела

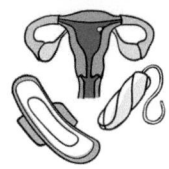
a munsiki
менструацыя

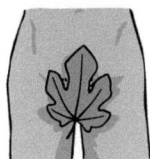
a umapresi
похва

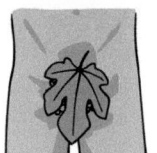
a toli
пеніс

a tapu-ay-wiwiri
брыво

a wiwiri
валасы

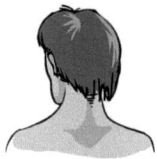
a neki
шыя

a skin - цела

a ati oso
шпіталь

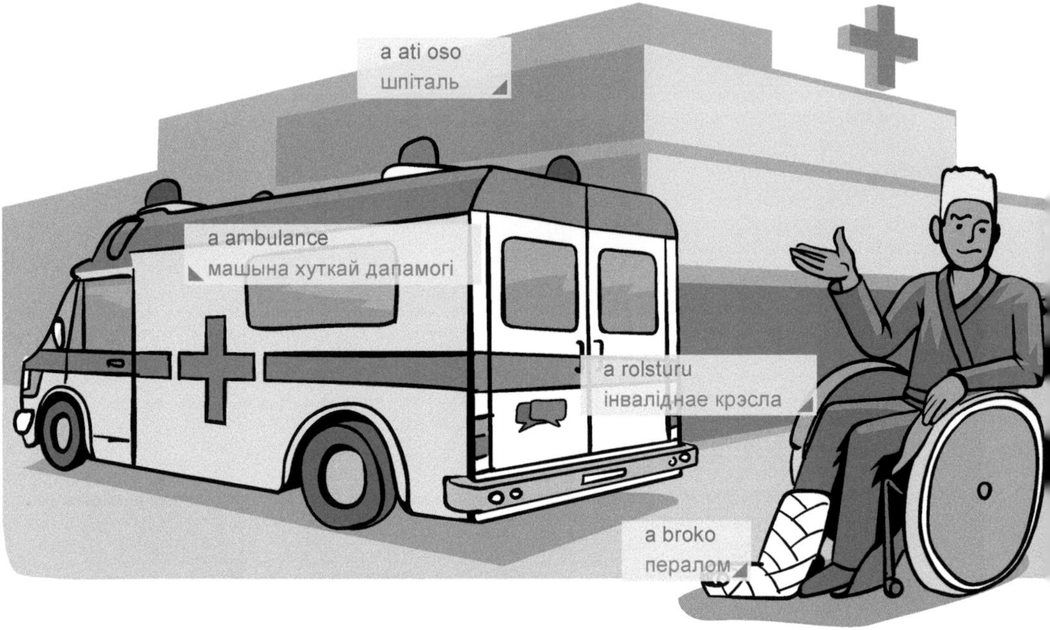

a ati oso
шпіталь

a ambulance
машына хуткай дапамогі

a rolsturu
інвалідная крэсла

a broko
пералом

a datra

доктар

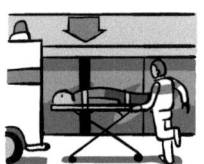

a EHBO

аддзяленне першай дапамогі

a suster

медсястра

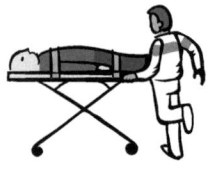

a nowtu

экстраная дапамога

flaw

непрытомны

a pen

боль

a soro

траўма

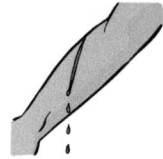

a brudu

крывацёк

a ati siki

інфаркт

a bururtu

апаплексія

a trefu

алергія

koso

кашаль

a kortsu

гарачка

a griep

грып

a lusu bere

панос

a ede-ati

галаўны боль

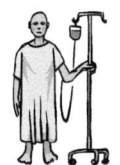

a takrusiki

рак

a sukru

дыябет

a chirurg

хірург

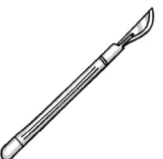

a skalpel

скальпель

a operâsi

аперацыя

a ati oso - шпіталь

73

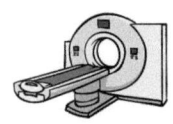

a CT
КТ

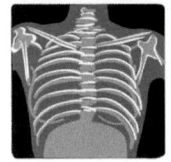

a röntgen
рэнтген

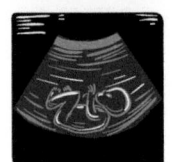

a echo
ультрагук

a fesi maskradu
маска

a siki
хвароба

a wakti kamra
пачакальня

a kroku
мыліца

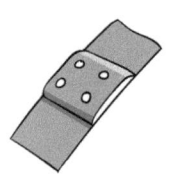

a duku
пластыр

a duku
бінт

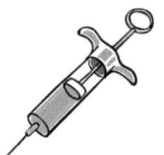

a spoiti
ін'екцыя

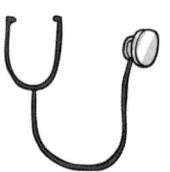

a stethoskoop
стэтаскоп

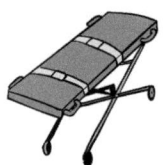

a brandkard
насілкі

a temperatuur marki
градуснік

a gebore
нараджэнне

a fatu
лішняя вага

a ati oso - шпіталь

a masyin fu yere

слухавы апарат

a sani fu krin

дэзінфекцыйны сродак

a dyomposiki

інфекцыя

a firus

вірус

a HIV / AIDS

ВІЧ/СНІД

a dresi

лекі

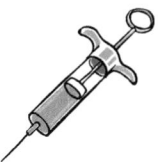

a faksinasi

прышчэпка

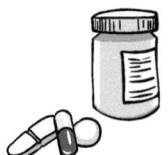

den perki

таблеткі

a perki

супрацьзачаткавая таблетка

a nowtu nomru

экстраны выклік

a brudu marki

танометр

siki / gesontu

хворы / здаровы

a ati oso - шпіталь

a nowtu
экстраная дапамога

Yepi!
Ратуйце!

a warskow
сігналізацыя

a feti
напад

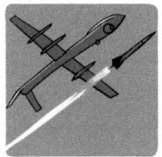

a feti
атака

a ogri
небяспека

a nowtu doro
аварыйны выхад

Faya!
Пажар!

a fayakiri sani
вогнетушыцель

a mankeri
аварыя

a EHBO-kofru
аптэчка

SOS
СОС

a skowtu
паліцыя

a grontapu
Зямля

Bakrakondre

Еўропа

Opo-Amerkan

Паўночная Амерыка

Suid-Amerkan

Паўднёвая Амерыка

Afrika

Афрыка

Asi

Азія

Australia

Аўстралія

a Atlantis Se

Атлантычны акіян

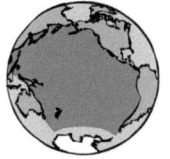

a Tan tiri Se

Ціхі акіян

a Indisch Se

Індыйскі акіян

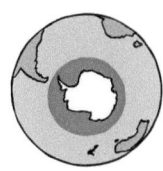

a Suidsei Se

аўднёвы ледавіты акіян

a Noordsei Se

Паўночны ледавіты акіян

a Noordsei

Паўночны полюс

a Suidsei

Паўднёвы полюс

Antartika

Антарктыда

a grontapu

Зямля

a kondre

краіна

a se

мора

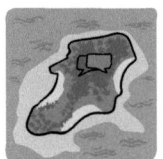

a eilanti

востраў

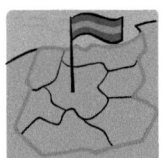

a nâsi

нацыя

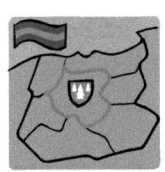

a lanti

дзяржава

oloisi
гадзіннік

a oloisi fesi
цыферблат

a yuru sori
гадзінная стрэлка

a miniti sori
хвілінная стрэлка

a sekonde sori
секундная стрэлка

O lati a de?
Колькі часу?

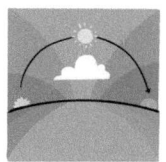
a dey
дзень

a ten
час

now
зараз

a oloisi
электронны гадзіннік

a miniti
хвіліна

a yuru
гадзіна

a wiki
тыдзень

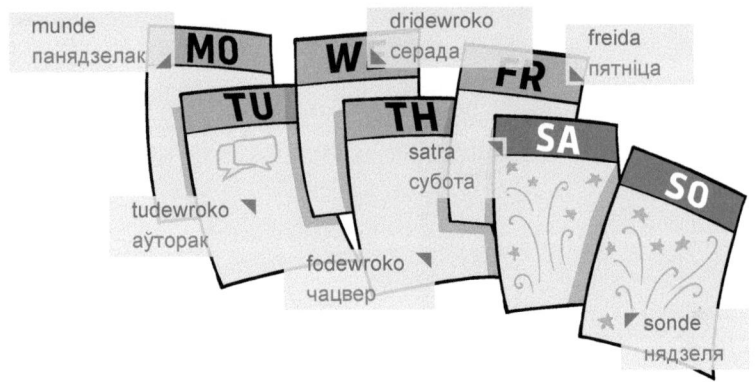

munde — панядзелак
tudewroko — аўторак
dridewroko — серада
fodewroko — чацвер
freida — пятніца
satra — субота
sonde — нядзеля

esde
ўчора

tide
сёння

tamara
заўтра

a mamanten
раніца

a bakadina
абед

a neti
вечар

den wrokodei
працоўныя дні

a weekend
выхадныя

a yari
год

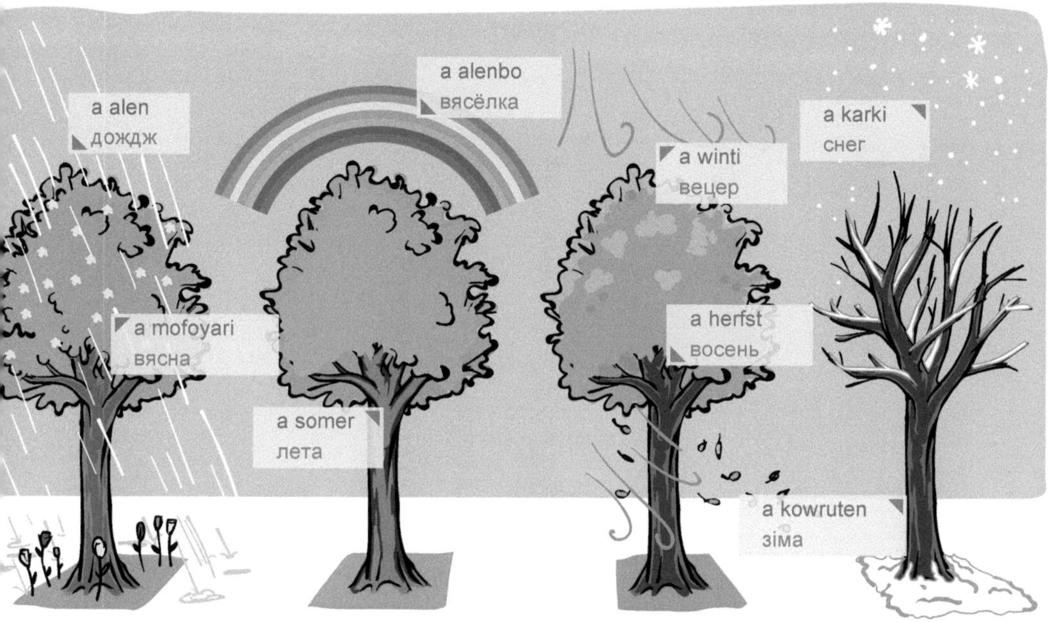

a alen
дождж
a alenbo
вясёлка
a winti
вецер
a karki
снег
a mofoyari
вясна
a herfst
восень
a somer
лета
a kowruten
зіма

4.APRIL 11°
5.APRIL 4°
6.APRIL 13°
7.APRIL 8°
8.APRIL 10°

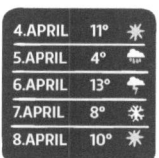

a taki fu a weer
прагноз надвор'я

F C
120 40
90 30
60 20
30 10
0 0
-30 -10
-20

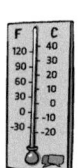

a thermometer
градуснік

a skèin fu a son
сонечнае святло

a wolku
воблака

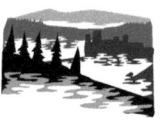

a dow
туман

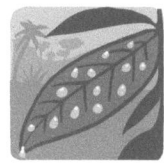

a loktu foktu
вільготнасць паветра

a faya

маланка

a dondru

гром

a sekiwatra

бура

a agra

град

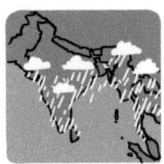

a bigi skwala

мусонны вецер

a frudu

прыліў

a èisi

лёд

januari

студзень

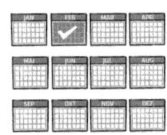

februari

люты

maart

сакавік

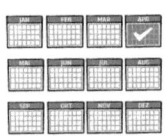

april

красавік

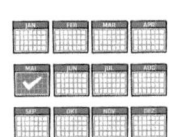

mei

май

juni

чэрвень

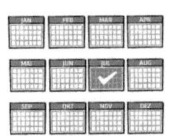

juli

ліпень

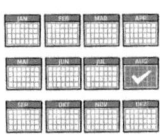

augustus

жнівень

a yari - год

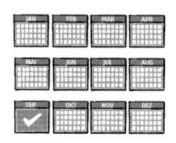

september

верасень

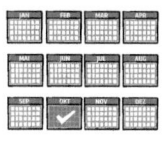

oktober

кастрычнік

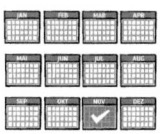

nofember

лістапад

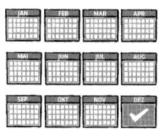

december

снежань

den form
формы

a lontu

круг

a fokanti

квадрат

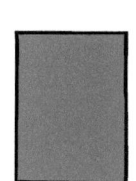

a fokanti naga langa sei

прамавугольнік

a dri-uku

трохвугольнік

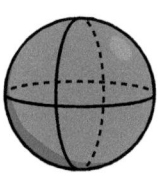

a lontu

шар

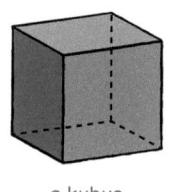

a kubus

куб

kloru
колеры

witi
белы

geri
жоўты

alanya
аранжавы

ròs
ружовы

redi
чырвоны

lila
фіялетавы

blaw
сіні

grun
зялёны

broin
карычневы

grei
шэры

blaka
чорны

difrenti
супрацьлегласці

tumsi / wanwan
шмат / мала

atibron / tiri
злы / добры

moi / takru
прыгожы / брыдкі

begin / kba
пачатак / канец

bigi / ptyin
высокі / малы

lekti / dungru
светлы / цёмны

brada / sisa
сястра / брат

krin / doti
чысты / брудны

krinkrin / no bun nofo
поўны / няпоўны

dei / neti
дзень / ноч

dede / libi
мёртвы / жывы

bradi / smara
шырокі / вузкі

kan nyan / no kan nyan

ядомы / неядомы

takru / bun

злы / добры

prisiri / ferferi

узбуджаны / нудны

fatu / fini

тоўсты / тонкі

fosi / lasti

першы / апошні

mati / feyanti

сябар / вораг

furu / leigi

поўны / пусты

tranga / safu

цвёрды / мяккі

hebi / lekti

важкі / лёгкі

angri / dreineki

голад / смага

siki / gesontu

хворы / здаровы

no gi pasi / tru

нелегальны / легальны

koni / don

разумны / дурны

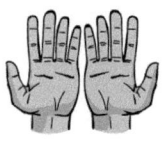

kruktu / leti

левы / правы

gi / fara

побач / далёка

difrenti - супрацьлегласці

nyun / owru
новы / былы ва ўжыванні

noti / wan sani
нічога / нешта

owru / jongu
стары / малады

leti / tapu
укл / выкл

opo / tapu
адчынены / зачынены

safu / tranga
ціхі / гучны

gudu / poti
багаты / бедны

bun / fowtu
правільна / няправільна

grofu / grati
шурпаты / гладкі

sari / breiti
сумны / шчаслівы

shatu / langa
кароткі / доўгі

loli / esi esi
павольны / хуткі

nati / drei
вільготны / сухі

warang / kowru
цёплы / халаднаваты

feti / freide
вайна / мір

difrenti - супрацьлегласці

87

den nomru
лічбы

0 noti — нуль

1 wan — адзін

2 tu — два

3 dri — тры

4 fo — чатыры

5 feifi — пяць

6 siksi — шэсць

7 seibi — сем

8 aiti — восем

9 neigi — дзевяць

10 tin — дзесяць

11 erfu — адзінаццаць

12 twarfu — дванаццаць

13 tin-na-dri — трынаццаць

14 tin-na-fo — чатырнаццаць

15 tin-na-feifi — пятнаццаць

16 tin-na-siksi — шаснаццаць

17 tin-na-seibi — сямнаццаць

18 tin-na-aiti — васямнаццаць

19 tin-na-neigi — дзевятнаццаць

20 twenti — дваццаць

100 hondru — сто

1.000 dusun — тысяча

1.000.000 milyun — мільён

den nomru - лічбы

den tongo

мовы

Ingristongo

англійская

Amerkan Ingristongo

англійская (Амерыка)

Sneisi Mandarijntongo

кітайская мандарынская

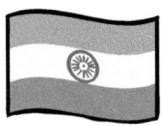

Hinditongo

хіндзі

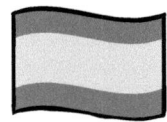

Spanyoro

іспанская

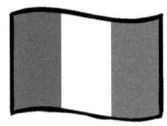

Frans

французская

Arabiatongo

арабская

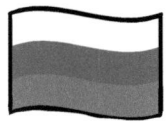

Rusitongo

руская

Potogisi

партугальская

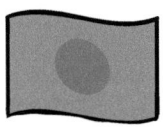

Bengalitongo

бенгальская

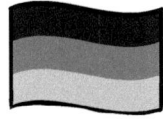

Doisritongo

нямецкая

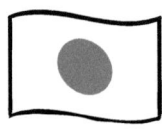

Japantongo

японская

suma / sang / fa
хто / што / як

mi
я

yu
ты

en / en / en
ён / яна / яно

unu
мы

yu
вы

den
яны

suma?
хто?

san?
што?

fa?
як?

pe?
дзе?

oten?
калі?

a nen
імя

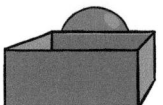

baka

за

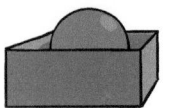

ini

у

fesi

перад

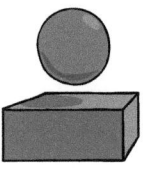

abra

над

tapu

на

ondro

пад

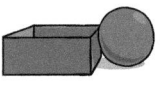

na sei

каля

mindri

паміж

presi

месца